Yasmin Mai-Schoger

Und manchmal helfen keine Worte

Trauergedichte

Ein tröstender Begleiter für Trauernde

Yasmin Mai-Schoger

Und manchmal helfen keine Worte

Trauergedichte

Bibliografische Information der Deutschen Nationalbibliothek:
Die Deutsche Nationalbibliothek verzeichnet diese Publikation in der Deutschen Nationalbibliografie; detaillierte bibliografische Daten sind im Internet über http://dnb.dnb.de abrufbar.

Verlag: BoD · Books on Demand GmbH, Überseering 33,
22297 Hamburg, bod@bod.de
Druck: Libri Plureos GmbH, Friedensallee 273, 22763 Hamburg
ISBN: 978-3-8192-2709-7

1. Auflage
Und manchmal helfen keine Worte - Trauergedichte

Bilder: Yasmin Mai-Schoger

PRINTED IN GERMANY

Inhaltsverzeichnis

Und manchmal
helfen keine Worte
auch wenn sie noch so gut gemeint
Egal wie freundlich, welcher Sorte
alles nur noch trostlos scheint
Und diese Zeit
die wird Zeit brauchen
sie wird nicht leicht so ganz allein
Doch irgendwann wird sie verrauchen
und alles wird erträglich sein

UND MANCHMAL HELFEN KEINE WORTE

Wenn
die Worte
mangeln, fehlen
Wenn Gedanken kreisen, quälen
Wenn Stille unerträglich scheint
dann wird ein Mensch
der fehlt, beweint

Wie schwer
muss diese Bürde sein
Ein Mensch allein sollt‘ sie nicht tragen
Kraftlos, hilflos, ganz allein
der Kummer schmerzt
an allen Tagen

Wir wissen
um die Endlichkeit
und hoffen doch auf Ewigkeit
Denken stets, es ist noch Zeit
wiegen uns in Sicherheit
und ist es irgendwann soweit
sind wir doch
noch nicht bereit

Keins der Worte
will mir Trost sein
keine Silbe stillt den Schmerz
Und die Lieder woll'n nicht lindern
was so schwer macht mir das Herz
Und so will der Tag nicht enden
auch die Nacht ist endlos lang
Nur dein Sein würd' Trost mir spenden
doch das Ende zog heran

Wenn
meine Worte
trösten könnten
ich würde viele Worte sprechen

Ohne Pause, Komma, Punkt
würde ich den Schmerz durchbrechen
Ohne auch nur Luft zu holen
spräch ich ohne Unterlass
die Worte wären dir befohlen
mal in Moll und mal in Bass

Es formen sich die Silben
beinahe engelsgleich
gehören zu den milden
so sacht, so sanft, so weich

Ich wäre niemals müde
zu sprechen noch ein Wort
Die Worte würden fließen
ich führte unends fort

Auch wenn der Tag
sich senkte, am Ende sich verneigt
ich würde weitersprechen
selbst wenn die Nacht dann schweigt

Gefüllt sind meine Worte
mit Hoffnung, Mut und Licht
mit Glauben, Schwung und Leben
mit ganz viel Zuversicht

Wenn
meine Worte
trösten könnten
ich würde viele Worte sprechen

WENN MEINE WORTE TRÖSTEN KÖNNTEN

Es trocknen nicht
die Tränen mir
sie wollen nicht versiegen
Die Zeit vergeht
die Zeit verrinnt
und doch bringt sie
kein Frieden
Da können Monate vergeh'n
und auch ein ganzes Jahr
Nichts ist mehr
wie es mal war
denn
du bist nicht mehr da

Ich dachte schon
es wär noch Zeit
nun trage ich ein Trauerkleid
Von nun an bleibt es still und leise
begibst Dich auf die letzte Reise
Gern würde ich dich noch einmal seh'n
drei, vier Schritte mit dir geh'n
Doch wirst du sie allein beschreiten
ich kann dich leider nicht begleiten
Es schmerzt mich sehr
kann's nicht versteh'n
voller Trauer lass ich dich geh'n

Wer wischt mir
meine Tränen fort?
Wer hält mich kurz in seinem Arm?
Wer spricht zu mir
ein tröstlich‘ Wort?
Wer gibt mir
was der Tod mir nahm?

Tausend Tränen
hab ich geweint
Vielleicht sogar noch mehr
Sie fließen, sie laufen
sie rinnen, sie strömen
ein ganzes TränenMeer
Es ist, als würden sie
niemals versiegen
Es ist, als fände ich
niemals Frieden

In jedem
Windhauch spür ich dich
du streichelst meine Wangen
Jede Sekunde umgibst du mich
mehr kann ich nicht verlangen
Es reicht ein Bild, ein Ton, ein Duft
sogleich füllt sich um mich die Luft
Ich kann dich spüren, fühlen, ahnen
ich flüst're leise deinen Namen
Ein tiefes Band uns auf ewig verbindet
es niemals verblasst
vergeht, verschwindet
In jedem Windhauch spür ich dich
jede Sekunde umgibst du mich

Ein Versprechen gab ich dir
Ich werd‘ dich nicht vergessen
Nun bist du nicht mehr hier bei mir
bist weit, weit fort stattdessen
Und doch bist du
mir noch so nah
und wirst es ewig bleiben
Ich spüre dich oftmals sogar
und doch bleibt nur ein Schweigen

Noch einmal
nahm ich deine Hand
Ach hätt‘ ich sie gehalten
Ich ließ sie los
dein Atem schwand
nun liegt sie dort in Falten

LOSLASSEN

Ein letztes Mal
schaust du zurück
nimmermehr, nimmermehr
gehst du mit mir ein kleines Stück
Ein letztes Mal
nickst du mir zu
nimmermehr, nimmermehr
kommt mein betrübtes Herz zur Ruh‘
Ein letztes Mal
drehst du dich um
nimmermehr, nimmermehr
sprichst du zu mir, du bleibst nun stumm
Ein letztes Mal
gehst du nun fort
nimmermehr, nimmermehr
niemals mehr von dir ein Wort
Ein letztes Mal
mein Herz wird schwer
ich vermisse dich so sehr!

Und manchmal ist's
als wenn du leise an die Scheibe klopfst
doch es war nur der Regen
Und manchmal ist's
als wenn du liebevoll meinen Namen rufst
doch es war nur der Wind
Und manchmal ist's
als würdest du zärtlich meine Wange
streicheln
doch es war nur ein Traum
Und manchmal ist's
als würdest du mir ein Zeichen geben
doch es war nur die Hoffnung

Schuhe
so rot wie Mohn
still verweilend vor der Tür
So gern würden sie die Welt bewandern
Den steilen Berg hinauf
haben sie dich getragen
Vergebens warten sie auf dich
Auch morgen
werden sie dort stille stehen
Niemals wieder
werden sie dich tragen
Niemals wieder
werden sie die Welt bewandern
Niemals wieder
werden sie Spuren hinterlassen
Außer in meinem Herzen
Mohnrot

Die Blumen
verwelkt, verdorrt
verblasst das Blau
Traurig starren sie mich an
Seit Tagen erfreuten sie
niemandes Herz
Auch meines bewegen sie nicht zur Freude
waren es doch die letzten
die das deinige erfreuten
Betrübt lassen sie die Köpfe hängen
Ich tue es ihnen gleich

Ihr nanntet sie
beim Namen
Ich nannte sie liebevoll
Mama
Bis zum letzten Tag
Eine Mama ist etwas ganz Besonderes
etwas Wertvolles
etwas ganz Wunderbares
Eine Mama stützt dich
gibt dir Wurzeln
lässt dich fliegen
hält dich
fängt dich auf
ist für dich da
Eine Mama vergisst dich nicht
Eine Mama vergisst man nicht

Du liebtest den Frühling
in seiner Pracht
du wirst ihn niemals wiederseh‘n

Du liebtest den Sommer
selbst bei Nacht
du wirst ihn niemals mehr begeh‘n

Du liebtest den Herbst
mit all seinen Farben
die Lebensuhr blieb für dich steh‘n

Du liebtest den Winter,
an den sonnigen Tagen
hör nur, hör - mein lautes Fleh‘n

Du liebtest das Leben
deins war zu kurz
ich lasse dich nur ungern geh’n

Es war’n
der letzten Worte drei
ich flüsterte sie leise
Dann ließ ich los
und du warst frei
es ist die letzte Reise

LETZTE REISE

Immer wenn
ihr den Windhauch an der Wange spürt
Immer wenn
ein Lied euch zu tiefst berührt
Immer wenn
euch das Herz vor Kummer zerspringt
Immer wenn
der Moment euch zum Weinen bringt
Immer wenn
ihr vor Trauer nicht richtig seht
Immer wenn
die Welt sich ganz langsam dreht
Ich bin‘s

So viel zu sagen

So viel zu sagen,
noch mehr zu fragen
an diesen Tagen
die an mir nagen
Schwer, nicht zu verzagen
Gedanken mich jagen
in der Zeit ohne Farben
Nächte voller Unbehagen
doch auch der Tag, kaum zu ertragen
Mein Herz bleibt stehen, es will versagen
an diesen Tagen
die an mir nagen

Die Trauer
hält mich gefangen
Mit ihren starken Armen umschlingt sie mich
Ihre Last - wie tausend Schlangen
gebrochen nun mein „altes Ich“
zerdrückt
zerquetscht
und eingeengt
eingeschnürt
und eingezwängt
Meine Lebensgeister schwinden
Ich würd gern Trost und Ruhe finden

Niemand
hört ihn
meinen Schrei
Zu leis‘
zu still
zu fern
Kraftlos
klanglos
lautlos
ruft es
in mir
aus mir
nach dir
Doch niemand kann es hören

Es braucht Geduld
Der graue Schleier will nicht schwinden
Es braucht Hoffnung
Wo nur, wo ist sie zu finden?
Es braucht Zuversicht
Wann, nur wann wird der Schmerz vergeh'n?
Es braucht Zeit
Warum? Warum musstest du jetzt geh'n?

Zu spät
für ein nettes Wort
Zu spät
für ein herzliches Dankeschön
Zu spät
für ein freundliches Lächeln
Zu spät
für eine liebevolle Umarmung
Zu spät
für irgendwann
Zu spät

Ein Frühling
gibt noch keinen Trost
selbst wenn die Vögel lieblich singen
Und auch der Sommer tut's ihm gleich
auch er wird keinen Trost mir bringen
Vielleicht zerreißt die Herbstes-Zeit
mein grau-besticktes Trauerkleid

Ich sehe die Sonne am Horizont

Ich sehe
die Sonne am Horizont
den Morgennebel stille zieh'n
funkelnd ruht der See
Ich mache die Augen zu
und sehe dich
Ich höre
die lieblichen Vögel freudig zwitschern
der Fluss er rauscht
ein Kinderlachen
Ich mache die Augen zu
und höre dich
Ich spüre
den lauen Frühlingswind in meinem Haar
der warme Sonnenstrahl umgibt mein Sein
Ich mache die Augen zu
und spüre dich

Ich mache die Augen zu -
ich vermisse dich

Ich kann dir
deinen Schmerz nicht nehmen
ich kann die Zeit nicht rückwärts dreh'n
Ich kann dir trocknen nicht die Tränen
den Weg musst du alleine geh'n
Und doch werd' ich
stets bei dir sein
du bist nicht wirklich
ganz allein
Es wird nie sein
wie es mal war
ich bin nun fort
bin nicht mehr da
Ich werde wachen über dich
versprich mir eins
vergiss mich nich'

Traurig schaue ich hinab

Traurig
schaue ich hinab
ein Blumenmeer in Blau
wie schön
und doch
Es ist ein Grab
Tränen versiegen im Blau

Die Nacht
küsst meine Tränen
und auch der Tag tut es ihr gleich
Doch niemand kann sie zähmen
gefüllt alsbald ein ganzes Königreich
So bin ich reich
und täglich werd‘ ich reicher
sie rinnen mir sogleich
gefüllt der Tränenspeicher

Niemand
kann dich je ersetzen
Niemand
nimmt ihn ein, dein‘ Platz
Niemand
wird je Trost mir bringen
Niemand
ist mir ein Ersatz
Niemand
wird mich mehr so lieben
Niemand
ist mir mehr so nah
Niemand
wischt mir meine Tränen
Niemand!
Du
bist nicht mehr da!

Des Trostes Quell
Wer will
sie mir verraten?
Tränengefüllt ein jeder Tag
den Trost kann kaum erwarten

Eines Tages
vielleicht, vielleicht
der Kummer wohl der Freude weicht
und bis dahin werd ich weinen
weinen, wie dein eigen Kind
Nichts und niemand
wird uns einen
Die Trauer mir
den Atem nimmt

Irgendwo
ist dieses
irgendwann
von dem irgendwie
irgendwer
irgendwann
gesprochen hat

Schweigt Gedanken
Oh schweigt still
schweiget stille bis April
lasst mich rasten
lasst mich ruhn
lasst mich einfach gar nix tun
Schweigt Gedanken
Oh schweigt still
schweiget stille
bis April

Wer
mir ein Freund war
dem fehl ich
Wer mich vermisst
der erinnert sich
Wer mich liebt
der spürt mich
Wer um mich trauert
dem bin ich

Ach
wie sind sie zu beneiden
die ohne Trauer
ohne Schmerz
Ich wünscht‘ ein Tag
nur ohne Leiden
zerbrochen ist mein armes Herz
Voll Kummer
und voll Sehnlichkeit
bis hin in alle Ewigkeit

Weil einfach
alles anders ist
seitdem du nicht mehr bei uns bist
Weil einfach
alles schwerer ist
seitdem du nicht mehr bei uns bist
Weil einfach
alles trostlos ist
seitdem du nicht mehr bei uns bist
Weil einfach
alles sinnlos ist
seitdem du nicht mehr bei uns bist
Weil ich dich einfach
so vermiss
seitdem du nicht mehr bei uns bist

ES IST SCHWER

Wann immer nun die Glocken klingen

Wann immer
nun die Glocken klingen
laut und traurig
sie mir singen
Es ist als wenn
für dich sie schwingen
Trauer und Wehmut sie mir bringen
Hört auf so trauervoll zu klingen
sollt Hoffnung, Trost und Freude bringen

Ich spürte es
dein letztes Flehn
du wolltest bleiben
wolltest nicht geh'n
Hilflos, machtlos stand ich dort
Ein Atemzug
und du warst fort

Und die Vögel
zwitschern weiter
hören nicht mein Klagelied
Trauer nun mein steter Begleiter
du gingst fort – und ich, ich blieb!

Auf die Achalm
will ich gehen
nach dir suchen, nach dir sehen
Um dann traurig festzustellen
du kannst dich nicht zu mir gesellen
Die Bank, wo du so gern gesessen
vermoost, verwildert, fast vergessen
Mir stockt der Atem
ich schau ins Tal
der Tod mir meine Freude stahl
Traurig geh ich wieder heim
nie wieder wirst du bei mir sein
Nie wieder wirst du dort verweilen
und mein Herz wird nie mehr heilen
Die Bank, die steht noch immer dort
nur du, du bist für immer fort

So gern würd ich die Stille durchbrechen

So gern würd‘ ich
die Stille durchbrechen
lindernd zu deiner Seele sprechen
An die Hand dich tröstend nehmen
dich an meine Schulter lehnen
Dich von Trauer und Tränen befreien
Zuversicht und Hoffnung dir leihen
So gern würde ich
deinen Kummer vertreiben
still an deiner Seite bleiben
dich deinen Schmerz vergessen lassen
Mut mit dir gemeinsam fassen
So gern würd‘ ich
ein Trost dir sein
so gern‘ würd‘ ich ein Freund dir sein

Es kann die Nacht
das Leid nicht lindern
und auch der Tag vermag es nicht
wohl nur die Zeit
kann es verhindern
dass man nicht daran zerbricht

Einst ein
Lächeln mich umgab
mein stetiger Begleiter
es ist verloren, ist erstarrt
es lächelt nicht mehr weiter
Verloren ist es, verebbt, verweht
niemals mehr es sich erhebt

Viel zu still
liegen die Erinnerungen
schwer auf meinem Herzen
und doch zu laut
um zu Vergessen
Die Einsamkeit erdrückend
und trotzdem
rufe ich nach ihr

Ein Lächeln
ziert mein zartes Gesicht
was ich denke, zeigt es nicht
Was ich fühle, sieht man nicht
Was ich empfinde, spürt man nicht
Was ich fürchte, denkt man nicht
Was mich antreibt, erkennt man nicht
Was ich hoffe, ahnt man nicht
Was mich umtreibt, erfährt man nicht
Wie mein Herz bricht, hört man nicht
Ein Lächeln ziert
mein zartes Gesicht

Wenn Mut
und Glaube scheiden
wenn
Ängste
groß und
mächtig sind
Wenn
Herz und Seele schweigen
und alles
dir den Atem nimmt
Lass Hoffnung sich entfalten
geh voller Hoffnung durch die Welt
lass Vertrauen
schalten, walten
damit
die Zuversicht
dich hält

Auch wenn
alles trostlos scheint
gib nicht auf in dieser Zeit
Denn dort wo noch die Hoffnung keimt
Wandel keine Seltenheit

Ein kleiner Funken oftmals reicht
auch wenn es alles düster schien
Licht sich in das Dunkle schleicht
graue Wolken sich verzieh'n

Und wenn sie dann verzogen sind
auch wenn man's grad nicht meint
alles eine Wendung nimmt
die Sonne wieder scheint

Drum hoffe, sei voll Zuversicht
Denn Hoffnung stets das Dunkle bricht

Und eines Tages
wirst Du versteh'n
es war an der Zeit
ich musste geh'n
Auch wenn es schwerfällt
schmerzt und quält
ich habe diesen Weg gewählt

Loslassen
was für ein großes Wort
Kaum ließ ich los, schon warst du fort
Hätt‘ ich bloß niemals losgelassen
deine Worte
sie verblassen
Es werden die Geschichten schwinden
niemals werde Trost ich finden
Ach hätt‘ ich nur nicht losgelassen
deine Worte
sie verblassen

Eine Träne
für jeden schönen Moment
Eine Träne
für jedes liebevolle Lächeln
Eine Träne
für jedes freundliche Wort
Eine Träne
für jede tröstende Umarmung
Eine Träne
für jeden fürsorglichen Rat
Eine Träne
für jede Erinnerung
Tausend Tränen
für Dich

Jeder trauert
auf seine Weise
Der eine laut
der andere leise
Und ich steh starr am Wegesrand
und greife still nach deiner Hand

Die Trauer
frisst die Nächte auf
an Schlaf ist nicht zu denken
Die Sonne geht bald wieder auf
sie will mir Freude schenken
Doch wer des Nachts
den Schlaf nicht findet
für den der Glanz
des Tags verschwindet

Bleib sagte ich

Bleib, sagte ich
und lud den Frühling ein
„Ich würde, doch ich kann ja nicht"
dann ließ er mich allein

Bleib, sagte ich
und lud den Sommer ein
„Ich würde, doch ich kann ja nicht"
dann ließ er mich allein

Bleib, sagte ich
und lud den Herbst dann ein
„Ich würde, doch ich kann ja nicht"
dann ließ er mich allein

Bleib, sagte ich
und lud den Winter ein
„Ich würde, doch ich kann ja nicht"
auch er ließ mich allein

Bleib, sagte ich
und lud dich zu mir ein
„Ich würde, doch ich kann ja nicht"
dann ließt du mich allein

Stimmt nur mit ein
in den Gesang des Frühlings
Doch mir gebt Zeit
kein Lied will
mir erklingen
Singt nur, singt
so laut ihr könnt
es sei Euch von ganzem Herzen gegönnt
Doch mir
mir gebt noch Zeit
ich bin noch lange
nicht soweit

Ein Engel
er soll dich begleiten
er soll dich beschützen
dich führen und leiten
Er gibt dir Kraft - er wird dich tragen
in diesen schweren und steinigen Tagen
Er wird dir stets zur Seite steh'n
ihr werdet den Weg gemeinsam geh'n

Was ich dir noch sagen wollte

Daran werde ich mich immer erinnern

Der Umhang der Trauer verblasst
Mit der Zeit
Es schwindet die Last
die Zeit nimmt das Leid
Dunkelheit weicht Sonnenschein
die Zeit wird's richten, ganz allein
Tage kommen, Tage gehen
Die Zeit, die wird sich weiterdrehen
Die Zeit wird kommen
irgendwann
leichter wird die Trauer dann
Irgendwann der Umhang fällt
die Zeit wird trennen, was ihn hält
Und wenn ein bisschen Zeit vergangen
es schwindet, was an dir gehangen

Mehr von Yasmin Mai-Schoger finden Sie unter

www.gedichtenichte.de